새롭게 떠나는 도시여행

수원詩·디카詩

시인 **정다겸·김왕노·이경화** 外

수원 장안문

서문

　2023년 1월 30일은 코로나19로 인한 만 3년의 마스크 착용이 의무에서 권고로 조정된 날이다. 대중교통과 병원 등 일부 시설을 제외하고는 마스크 착용이 자유로워진 것이다. 그리고, 3월 20일 코로나 상황이 안정되며 대중교통 실내마스크 의무 또한 해제되었다. '해제'라는 말만 들어도 자유로움이 느껴진다.

　2022년 봄, 코로나가 우리의 일상을 2년 이상 앗아갔던 상반기에 수원문화재단에서 실시하는 '도시여행 학습연구모임'에 참가하게 되었다. 그러던 중 일상을 여행처럼 바라보는 시선을 통하여 지역에 대한 애착이 조금씩 커져갔고 그냥 지나쳤던 풀 한 포기, 나무 한 그루도 여행자의 흥미로운 시선을 끌기에 충분했다.

　자연을 통해, 사물을 통해 느린 여행을 하게 되었고, 일상에 대한 관찰과 기록을 시작하였다. 관찰과 기록은 관심 대상을 발견하고 나아가는 원동력이 되어 주었다. 학습연구모임을 기반으로 하반기에 <조금 다른 도시여행> 심화과정에 참여하였고, 결국 2023년 1월 심의를 통해 2022 문화도시 조성사업 수원 온당 <조금 다른 도시여행> 프로젝트에 선정되었다.

　수원에 관련한 詩를 탐색하고 수원의 명소를 관찰하고, 느낀 것을 카메라에 담고, 디카詩를 쓰는 창조적인 활동을 통해 도시여행에 대한 흥미와 조금 다른 도시여행에 대한 순기능을 이해하는 시간이 되었다.

　수원詩 디카詩 여행에 몸과 마음으로 함께 한 분들의 웃는 얼굴이 꽃처럼 향기로 다가오는 아침이다.

수원에 관련된 시를 찾는 활동을 위해 선경도서관 3층 수원학자료실을 편안하게 이용할 수 있도록 배려를 아끼지 않으신 조경수 팀장님, 장안문, 화서문, 수원화성, 수원천, 방화수류정까지 우리의 문화재에 더 많은 관심을 불러일으킬 수 있도록 설명과 함께 디카시에 새로운 눈을 뜨게 해 준 시인 김왕노 강사님, 디카시집에서 시의 노래가 흘러나올 수 있도록 QR코드 제작에 힘써 준 아트폴리작가 이경화 강사님, 사진도움에 김중태, 이홍란 사진작가님, 수원詩가 디카詩와 나란히 동행할 수 있도록 詩 수록을 흔쾌히 허락해 주신 『초대작가』 김훈동 시인, 윤수천 시인, 임병호 시인, 정수자 시조시인, 송홍만 시인 외 모든 선생님께 깊은 감사를 드린다.

수원시 디카시 여행에서 시의 길을 함께 걷고 즐거움과 행복을 나눈 김영분, 서채연, 이명옥, 이상애, 이자영, 이정순, 이정희, 이혜리, 홍종식 님께 두 손 모아 감사하며, 끝으로 실리 추구보다 디카시들이 세상 밖으로 나올 수 있도록 마음을 내어주신 『도서출판 "영혼의 숲"』 대표 허광빈 시인님께 고마움을 전한다.

우리 앞에 놓인 봄과 함께 수원詩 8편, 디카詩 44편을 꽃바람에 실어 보낸다.

23년 3월
『도시여행 · 기획자 정다겸』

차례

서문

제1부 초대작가
008 김훈동 | 수원아리랑
010 송홍만 | 광교산 정상에서
012 윤수천 | 수원성
013 임병호 | 화성행궁
014 임병호 | 방화수류정
015 임병호 | 화성장대
017 정수자 | 화엄화성
018 정수자 | 華城으로 가는 길

제2부 수원詩 · 디카詩
020 김영분 | 3월 신부 외 1편
023 김왕노 | 범 내려온다. 범 내려온다. 외5편
030 서채연 | 소망
032 이경화 | 화성의 밤 외 2편
036 이명옥 | 적막 외 2편
040 이상애 | 오후 두 시 외 2편
044 이자영 | 불온한 잉태 외 5편
051 이정순 | 화서문 민들레 외 5편
058 이정희 | 개화 외 5편
065 이혜리 | 스토커 외 3편

070 **정다겸** | 당신을 위해 외 2편
074 **홍종식** | 기다림

076　**김왕노** | 디카詩 강의

제 1부

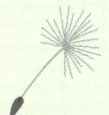

수원 초대詩

김훈동
송홍만
윤수천
임병호
정수자

수원아리랑

작시 김훈동

1절
훈풍이는 광교산 서문과 북문에
펼쳐나는 풍요의 노래 수원아리랑
이 땅에 함께 모여 효를 행하며
살아가는 우리 수원시민

(후렴)
아리랑 쓰리랑 아라리요
아리랑 쓰리랑 수원아리랑

2절
방화수류정 용연에 희망을 담고
화홍문 무지개 빛 칠간수에
우리 꿈을 싣고 버들가지
휘늘어진 곳에 수원천이 흐르네

(후렴)

3절
정조대왕 한없는 어버이 사랑은
사도세자 그리는 마음 애틋한 마음
팔달산에 진달래 화산릉에 두견화
피어나네 멀리 퍼져나가네

(후렴)

4절
화성어차 타고 가는 벗님네여
수원화성 휘감아 도는 춘풍에
동서남북 사대문 활짝 열고 반기는
인인화락 살기 좋은 수원이여

(후렴)

김훈동
- 1965년 『시문학』 등단
- 2015년 『계간문예』 재등단
- 시집 『나는 숲이 된다』 『틈이 날 살렸다』 외
- 국제PEN한국본부 자문위원
- 다산연구소 상임고문
- 수원문화재단 이사

광교산 정상에서

송홍만

고운 빛 신령한 기운이
하늘 높이 솟아 올라
어둔 길 밝게 사는
크고 바른 가르침
영원토록 있다 하여
광교산(光敎山)
또는 서봉산(西峯山)이라네.

태백산 박달나무 아래
비롯된 배달의 줄기
금강산 묘향산 구월산을 따라
북한산 관악산에 이어져
미추홀 위례성 당항성이
눈 아래 펼쳐진다.

뺏고 빼앗기는 동족간의 각축전
때로는 외침의 말발굽소리
구름 밑에 그늘 지나
샛별처럼 번쩍이는
의인과 용장의 숨결소리
줄기 줄기 서려 있네.

송홍만

- 경기 남양 1938년 출생
- 청주대학교 법학과 졸업
- 서울고등법원, 가정법원, 서울지방법원, 수원지방 법원 근무
- 『해동문학』 등단
- 2020년 12월 송홍만 제24시집 『우리 할머니의 복음』 외

수원성

윤수천

밤마다 꿈을 꾸는
수원성을 보았니?

커다란 날개를 퍼덕이며
먼 하늘을 향해 날아가는
푸른 새를 보았니?

수원성은 단지 돌로 된 성이 아니란다
아름다운 날개를 가진
푸른 새란다

꿈과 희망과 행복을 품은
울음소리도 힘찬 새

밤마다 먼 하늘을 향해 날아가는
푸른 새를 보았니?

윤수천
- 시인, 동화작가, 충북 영동 출생
- 조선일보 신춘문예 동시 당선
- 시집 『늙은 봄날』 외
- 동화집 『꺼벙이 억수』 외
- 현재 초등학교 4학년 1학기 국어활동교과서에 동화 「할아버지와 보청기」가 수록돼 있음

화성행궁 외 2편

임병호

애달프다, 형륭원 지하에 아바마마 계시거늘
차마 예서 혼자 쉴 수 없구나, 간 밤 지새우신
정조대왕 눈물 젖은 효심, 궁 안 곳곳 서렸다

그리운 지아비 사도세자 환생하셨는가
금잔 받으시는 혜경궁마마 회갑연 정겨운데
지금도 들려오는 봉수당 그 옛날 풍악소리

오로지 백성 사랑, 나라 사랑 한 삶으로
봉황이 날개 펴는 신풍루 찾으신 성군이여
화성행궁 느티나무 오늘 더욱 높푸르다

* 화성행궁 : 정조대왕이 수원 화성에 행차했을 때 거처하던 행궁으로 경복궁의 별궁으로 불린다. 정조대왕은 재위 기간 중 열 세 차례 화성행궁에 거둥하였다.
* 혜경궁마마 : 정조대왕 모친 혜경궁 홍씨.
* 봉수당 : 화성행궁 정당. 혜경궁 홍씨 회갑연이 열린 곳
* 新豊樓 : 화성행궁 정문. '신풍'은 국왕이 새로운 고향으로 삼았다는 뜻.

방화수류정

임병호

천년 그리움이
달빛으로
피어 오른다

화홍문 흐르는
수원천
푸른 물소리
가슴을 적시면

세월도
쉬어 가는
방화수류정

그리운 사람아

용지 호심에 떠오른
팔각정이
오늘 더욱 유정하다

---

* 訪花隨柳亭 : 수원팔경 중 한 곳인 龍池待月의 팔각정으로 동북 각루라고도 한다.

화성장대

임병호

하늘 한복판 팔달산 푸른 봉우리에 높이 솟았네
서장대 오르면 가슴 속에 펼쳐지는 수원의 역사
전설인 듯 생시인 듯 성군 생애 한 눈에 보인다

애달픈 현륭원 참배 환궁 길, 팔달산 서장대에서
화성 수비군 주야훈련 진두 지휘하시던 그 위용
눈부시다, 동녘 봉돈에서 횃불로 아침 열었느니

어명 한 번 내리면 천 만길 치솟아 오르는 용맹
군령 따라 壯勇外營 친병들의 창검이 번쩍이는데
시위 떠나 과녁에 백발 명중하는 화살을 보아라

창룡 · 화서 · 팔달 · 장안, 성곽 사대문 장엄하고
방화수류 동북각루, 화홍 북수문, 명월 소라각
창연하다, 우렁차다, 동장대 천군만마 함성이여

城神이 살고 구름도 머물다 가는 팔달 정상에서
사방 백리 돌아보며 대망의 억겁 세월 내다 보며
오늘도 서장대는 聖都 수원 화성, 의연히 지킨다

임병호
한국문인협회 수원지부 창립(1966). 제1회 경기도 인간상록수상 문학부문(1978) ·제1회 수원시문화상(1984) ·제1회 한국문인상(2000) ·제14회 한국예술문화상 문학부문 대상(2000) ·제1회 백봉문학상(2015) ·제2회 세계평화문화대상(2017) ·제21회 한국문학비평가협회상 수상. 현재 한국경기시인협회 이사장. 한국문인협회 ·국제PEN한국본부 자문위원. 시집 『幻生』(1975), 『江』(2022) 등 26권.

화엄 화성 외 1편

정수자

윗돌이 아랫돌을 온몸으로 끌어안는
아랫돌이 윗돌을 온몸으로 받쳐주는
성벽들 잇짬 사이로 시간이 지긋 들어
때때로 치고 가는 눈과 비와 바람의
오래 기른 무늬를 죄다 받아 적은 듯
시간의 거멀못 같은 돌 틈마다 꽃밭일레
李大老味 金自斤老味* 울근불근 땀내도
그 속에 전부 스며 한 결을 일구는지
느꺼운 시간의 무늬 벽을 안고 화엄일레

* 『華城城役儀軌』에 나오는 표기로 '큰 이씨' '작은 김씨'를 이름.
『허공 우물』, 천년의시작, 2009.

華城 가는 길

정수자

화성으로 가는 길은 깊고 그윽합니다
고전의 오솔길을 호젓이 혼자 든 듯
잊었던 무슨 소리들이
길을 연해 흔듭니다

아득한 층계 너머
이끼 푸른 행간 너머
거중기 거친 숨과 땀내 밴 함성 사이
맨 처음 밑돌을 놓던 조선의 흰 떨림이

성벽에 귀대인 채 그 울림을 따라가면
안으로 드는 건 곧 뿌리에 가 닿는 일
제여금 찾는 길들이 길 끝으로 서립니다

그쯤에서 굽이굽이 말씀을 어루다가
고여 둔 시간들을 고이 받아 적으면
화성은 한 채의 경전
늘 새론 빛입니다

『저녁의 뒷모습』, 고요아침, 2004.

정수자

1984년 세종숭모제전국시조백일장 장원 등단. 『파도의 일과』 등 시집 7권, 논저 『한국 현대시의 고전적 미의식 연구』외 공저 몇. 가람시조문학상, 중앙시조대상, 이영도시조문학상, 현대불교문학상 등 수상.

제2부

수원詩·디카詩

김영분
김왕노
서채연
이경화
이명옥
이상애
이자영
이정순
이정희
이혜리
정다겸
홍종식

3월 신부   외 1편

김영분

프로필

- 1963년 충북 출생
- 서광요양센터 대표이사

3월 신부

김영분

화관을 쓰고
기다려도 오지
않아 맺힌 눈물
언제 오려나
신랑은

보약같은 친구

김영분

연못에서 논다.
나의 보약 같은
친구들처럼

범 내려온다. 범 내려온다 외 5편

김왕노

프로필

경북 포항에서 출생. 〈매일신문〉 꿈의 체인점으로 신춘문예 등단. 포착과 직관, 이미지 확산의 빅뱅 『이은솔 연잎의 기술』로 평론 등단

시집으로 『황금을 만드는 임금과 새를 만드는 시인』, 『슬픔도 진화한다』, 『말달리자 아버지(문광부 지정도서)』, 『사랑, 그 백년에 대하여』, 『중독-박인환문학상 수상집』, 『사진속의 바다-해양문학상 수상집』, 『그리운 파란만장(2014세종도서 선정)』, 『아직도 그리움을 하십니까.(2016 세종도서 선정)』, 『한성기 문학상 수상집 (2017)』, 『게릴라 (2016년 디카시집)』, 『이별 그 후의 날들 (2017년 디카시집)』, 『리아스식 사랑 (2019년)』, 『복사꽃 아래로 가는 천년- 2019년 (2020 세종도서 선정)』『아담이 온다. (2021년 디카시집)』, 『도대체 이 안개들이란 -2021년 (2022세종도서 선정)』, 『백석과 보낸 며칠간 -2022년 (아르크 창작지원시집)』,

한국해양문학대상, 박인환 문학상, 지리산 문학상, 디카시 작품상, 한성기 문학상, 풀꽃 문학상, 지난 계절의 시 우수상, 2018년 제 11회 웹진 시인광장 선정 올해의 좋은 시상, 시작문학상, 제 1회 한국디카시학작품상, 황순원 문학상 등 수상

전 현대시학 회장, 전 수원문학 주간, 한국 디카시 상임이사, 시인축구단 글발 단장, 한국시인협회 부회장, 문학잡지《시와 경계》주간, 웹진 시인광장 주간, 한국디카시학 주간,

범 내려온다. 범 내려온다

김왕노

뭘 봐 하며 네가 노려보는 한
이 세상에 죄 지을 사람 한명도 없다.

카멜레온

김왕노

이 도시에서 살아남으려고
보호색과 나무로 위장할 수밖에
나도 카멜레온이 된 지 오래다.

웃자고, 제발 웃자고

김왕노

소문만복래를 모르더라도 웃자고 웃는
얼굴을 무서워하거나 침 뱉는 사람 없어

관문

김왕노

그간 힘든 줄 알아
조금만 더 가자고
저기 오는 게 봄이야

유하백마도(流下白馬圖)

김왕노

인걸도 백마도 없어
한탄으로 낭창거리는 가지
그들을 부르는 손짓이야

명심

김왕노

전쟁에 지더라도 용서받지만
경계에 지면 용서받을 수 없어

소망

서채연

프로필

- 2000년 경기도 고양시 출생
- 수원문학 57호 「길」외 작품 수록
- 수원문학시낭송아카데미 회원

시낭송 - 서채연시인

소망

서채연

노래하고 싶다
꽃바람 향기를 맡으며
연두빛 무대 위에서

화성의 밤 　외 2편

이경화

프로필

- 1976년 서울 출생
- 달토리 창작스튜디오 대표
- 개인전 3회 및 해외전시(스위스)
- 공모전, 단체전 다수
- 제주현대미술관, 토지문화관 입주작가
- 경기/수원문화재단 공모사업 다수

화성의 밤

이경화

하늘에 별
연못엔 꽃과 성곽

너와 나의 잔잔함
사랑은 깊을 수밖에

우리는

이경화

당신의 둥지 속에
희망으로 깨어나는
저 무수한 씨앗

무제

이경화

용이 승천하던 순간
머리 풀고 울어주던 너

적막 외 2편

이명옥

프로필

- 1966년 수원 출생
- 생활공예공사
- 재가복지센터운영
- 수원문학시낭송아카데미 회원

시낭송 - 이명옥시인

적막

이명옥

전하지 못한 푸른 사연
낙엽으로 첩첩 깊어간다

상처

이명옥

돌담에 깊이 팬 구멍처럼
시간이 흘러도 메워지지 않는 …

소망

이명옥

겨우내 마르고 야윈 그리움의 모가지
차라리 먼지가 되어 날아가고 싶은

오후 두 시   외 2편

이상애

프로필

- 경기 수원 출생
- 수원문학시낭송아카데미 회원

오후 두 시

이상애

꽃바람에도 이는 물결
섬과 섬 같으나 서로에게
다가가려는 가쁜 숨결

할아버지

이상애

누워서도 하늘 향해
온 힘을 다해 아아아
봄 햇살을 불러댄다.

봄 스카프

이상애

어머니의 노란 스카프 같은

가만 가만 망울망울 터지는
그리운 송이송이

불온한 잉태 외 5편

이자영

프로필

- 64년 출생
- 현대시선 시부문 신인문학상 수상
- 문학과 비평 수필부문 신인문학상 수상
- 문학과 비평 사무차장
- 자랑스러운 경기문학인상 수상 외

시낭송 - 이자영시인

불온한 잉태

이자영

생의 경쟁과 다툼으로 자리매김했다
결이 달라도 뒤틀리지 않고
오점이 되어도 떼어내지 않았는데
세월만큼 행복했던 만큼
줄기도 가지도 다 미어진다.

이방인의 봄

이자영

멀어져 간 별빛을 불러 밤을 밝히며
이방인의 하늘에 햇볕을 키우는
당신의 언덕에서
꽃나무에 열광하는 날갯짓
서러움 잇는다.

1세기 후

이자영

먼 훗날 오늘을 발굴하였을 때
장기를 두는 일처럼
저 낮은 곳의 이야기는
여전히 그날의 실화일 것입니다.

단일화

이자영

남과 북의 철통같은 고집
봄은 멀기만 하고
새 둥지는 텅 비었는데
바싹 마른 바람이 비를 부른다.

빨간 우체통의 전설

이자영

와이파이도 없고
아날로그도 아닌 시절
비와 구름 바람이 전해주는 소식이
오늘과 다르지 않다는 점은
기다림이다.

일심동체

이자영

사랑은 하나가 되는 일입니다
사랑하기에 꽃을 피워
가슴 깊이 파고듭니다
낮이면 당신과 해바라기
밤이면 당신의 껍딱지.

화서문 민들레 외 5편

이정순

프로필

- 1962년 양양 출생
- 2006년 『문학시대』로 등단
- 수원문인협회, 경기시인협회 회원
- 저서 『아버지의 휠체어』

화서문 민들레

이정순

성곽 아래 한 자리를 차지해
수많은 발길에도
노랗게 웃어주는 당신의 사랑

꽃의 온도

이정순

한 사나흘 길을 잃어도 좋으리라
뜨거운 체온으로
나와 함께하는 당신의 눈물만 있다면

안부

이정순

저 담장 너머
그대 있는 곳
내 몸 열어
봄을 전합니다

갈망

이정순

마지막 몸부림마저
끝내 그대에게 닿기를

창

이정순

자갈밭인 마음에
꽃샘바람 불더니
빼꼼히 보이는

어떤 이름

이정순

당신은 아실까
부를 수 없는 이 슬픔을

개화 외 5편

이정희

프로필

- 가평문화원 백일장 장원(1984)
- Westem Photographer(한국사진작가협회 미국지사)
- LA 한국화 10인전 출품(2006-2007)
- 한행문학 신인행시문학상/시인 등단
- 제3회 전국행시백일장 최우수작품상 수상(2018)
- 2016년 6월부터 DAUM 행시 카페『한국행시문학』에서 활동

시낭송 - 이정희시인

개화

이정희

네가 날 부르면
어닌늘
내가 꽃 피지 않으랴

작은 음악회

이정희

추운데도 오셨군요
파장에서 우만동서도
언가슴 녹이는 음악회
곧 시작하겠습니다.

문

이정희

바람에 문 닫혀
행여 님이 발길 돌릴까
잠들지 못했다

부활

이정희

꽃 지고 난 후 그 시절 아쉬워
눈물이 그렁그렁 하구나
아쉬워 마라
정열의 열매로 다시 태어났으니

나무와 둥지

이정희

보이나 애인인 둥지
내 품에서 잠들고
새의 노래도 들려주는
사랑으로 얽힌 둥지

그루터기

이정희

이제 정신 차리게
당신 몸에도 돋은 움
곧 봄이라니까.

스토커 외 3편

이혜리

프로필

- 1958년 서울 출생
- 2022년 『마당』 신인상
- 한국문예 번역분과위원장
- 영문학 박사
- 시집 『소리갈피』
- 저서 『아이리스 머독 소설에 나타난 타자읽기-시몬 베유의 철학사상을 중심으로』

스토커

이혜리

거 누구요?
밤하늘에 구멍 내어
나를 훔쳐보는 이

달빛 브로치

이혜리

가슴 깊이 박힌
조각난 상처
달빛 담금질에
옥 보석 치장도
부럽지 않다

든든한 빽

이혜리

나는 실바람에 흔들리는 메마른 풀,
하나 당신을 등에 업으니
나는 강바람도 이겨내는 천하무적

비상

이혜리

청솔이 펼쳐 놓은 가없는 하늘
날자. 날자. 마음껏 날아보자꾸나

당신을 위해 외 2편

정다겸

프로필

- 1967년 천안 출생
- 2012년 『국보문학』 신인상
- 수원문인협회 시낭송분과위원장
- 한국문예협회 시낭송회장
- 시집 『무지개 웃음』 외

당신을 위해

정다겸

오세요. 수원화성으로
아직도 당신을 기다려
몇 백 년 문 닫지 않고
사랑이 활짝 열린 곳

높은 족속

정다겸

하늘과 같은 여인을 만나러 간다
수원천을 따라 화홍문을 지나면
아, 그곳에서 만날 관이 높고
아름다운 정조가 사랑한 여인

북옹성의 옹이

정다겸

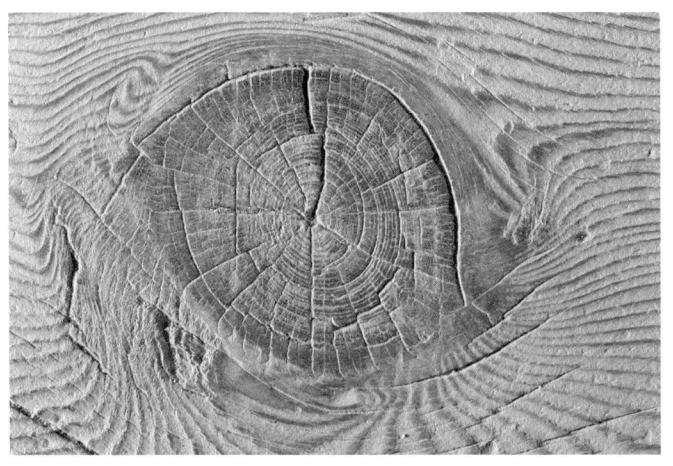

낮에는 매의 눈
밤에는 올빼미의 눈

장안문을 호위한다

기다림

홍종식

프로필

- 1967년 경기출생
- 수원 경기문학포럼 회원
- 수원 영사모 회원

기다림

홍종식

언제 오시려나
그리운 님
기다리다 그렁그렁
맺힌 눈물

디카詩 무엇이고 어떻게 써야 하는가

김왕노

1. 디카시는 무엇인가.

디카시라는 용어는 디지털카메라와 시의 합성어이다. 디카시란 디지털카메라나 스마트폰으로 사진을 담고 그 이미지에서 떠오르는 시상을 5행 이내로 받아 적는 단시이다. 그러니 진정성과 일촉즉발의 긴장감이 시를 읽히게 한다. 시조에서 서로 대구를 하듯 스마트폰으로 현장에서 바로 쌍방향으로 소통할 수 있는 디지털시대에 부합하는 새로운 시의 갈래이다. 물론 디카시 이전에도 비슷한 시화라는 것이 있었다. 시와 그림의 작가가 서로 따로따로인 경우가 허다해서 그림과 글이 서로 상충되는 바나 그림 해설에 불과한 경우가 있었으나 디카시는 시와 그림이 한 사람으로부터 나온 것이므로 그럴 염려도 없다. 요즈음 시가 읽히지 않아 고사 직전에 처한 게 현실이다. 난해시가 좋은 시인 양 판을 치고 시인의 대량 양산으로 수준 미달의 시가 범람한 게 큰 이유의 하나라 볼 수 있다.

2. 디카시는 어떻게 써져야 하는가?

"사물의 의미는 스스로 인간에게 가 닿을 수 없다. 해석자(전달자)와 수용자(독자)를 찾아야 한다. 물적 존재들(사물-인간)이 서로 의미적 존재로서의 관계를 맺으려면 해석자의 의지(대상의 의미를 포착하는)가 대상을 향해

있어야 한다. 하나의 사물이나 풍경이 시적 대상으로 수용될 수 있는 것은 그것을 전달하려는 전달자(시인)와, 또 그것을 수용하려는 독자들 간의 상호욕망 때문이다." -김주환-

문자 시는 '활자'라는 하나의 대상에 의존하는 반면, '디카시'는 '활자'와 '이미지'라는 두 개의 대상을 하나의 텍스트로 완성하는 표현 양식이다. 활자와 이미지는 둘 다 시각에 의존하기 때문에, 이를 곧바로 감각의 확장이라고 해도 모자람이 있다. 그러나 활자를 통한 2차적 연상(논리적 상상)으로 시의 온전한 의미 전달이 이루어지는 것이 문자시라고 한다면, 디카시는 2차적 연상 이전에 이미지를 통해 즉각적으로 전달되는 메시지를 포착해내는 것이 우선이다. 따라서 시인은 사물이 담고 있는 순간적인 의미망을 포착하기 위해 늘 예민한 감각으로 깨어있어야 한다. 사물이 지닌 순간순간의 변화무쌍한 메시지들에 곧바로 '반응'하는 것(이미지 포착 → 의미 생성)이 디카시 창작의 태도라고 한다면, '디카시'는 매클루언이 구분하는 미디어의 두 유형 가운데 '반응'에 무게 중심이 더 실리는 '쿨 미디어'로서의 속성을 가진 셈이다.

3. 디카시의 현장

푼크툼과 스투디움이라는 말이 있다. 롤랑바르트가 사진을 가지고 객관적으로 사진을 바라보는 것이 스투디움이고 주관적 개입이 들어간 것이 푼크툼이라고 할 수 있다. 디카시는 영상에 스투디움의 범위를 넘어 푼크툼이라는 주관적 개입이 활자로 나타나서 이미지화 되어야 하는 것이다.

1) 잘못 출발했던 디카시

내가 멋모르고 남의 사진으로 쓴 마중물이라는 시다. 디카시는 자신이 사진을 찍고 자신이 5행 안의 시를 써야 하는 것이다.

마중물

진정 사랑을 원하므로 아득히 깊은 지층 같은 세상에 수맥처럼 흐르는 네 사랑에게 나를 마중물로 내려 보내다오 네 사랑을 만나 끝없이 철 철 철 지상으로 길어 올리게 네 사랑이 나를 넘쳐나 그 누군가를 흠뻑 적셔도 좋으니 팍팍한 세월이여, 나를 마중물로 아낌없이 내려다오

◆ 디카시 마중물의 잘못된 점
  - 남의 사진에 시를 썼다.
  - 5행을 맞추려고 말이 길어졌다.
  - 함축미가 없다.

- 이미지가 겹쳐 지루하다.

◆ 다시 고친다면

마중물

보이지 않는다 하여 없는 것이 아니다.
나 마중물이라면 아득한 지하 수 천만 배럴 내 사랑
백년 흐른 후에도 길어 올릴 것이다.

2) 디카시의 진화
내가 스마트 폰을 가지고 다니면서 사진을 찍기 시작했다. 첫 디카시집 게릴라와 디카시 작품상인 길과 공광규 시인의 꽃무늬 몸빼바지와 송찬호 시인의 디카시 작품상 비상과 두 번째 시집인 이별 그 후의 날들을 살펴보기로 한다.

① 첫 디카시집 게릴라에서

◆ 겨울 직립
A Winter Straight Stand

사랑이 아니었다면 혹한의 겨울밤을 건너지 않았다.
지뢰 같은 세월을 밟고서 산산이 부서지지 않았다.
사는 것이 사람의 일이고 사람의 일이 사랑이다.

Were it not for love, never would I cross the severe cold winter night,
Nor would I be destroyed in pieces stepping on the ages of landmines.
Living is a man's business and a man's business is love.

◆ 그리운 벼랑

A Longing Cliff

투신하려고 벼랑까지 갔다하지 마라
목숨이 곧 깎아지른 벼랑인데
목숨보다 가파르고 위태한 것이 어디 있느냐.
그쯤서 꽃 피어도 삶은 충분히 살만하다.
Don't say I went to the cliff to throw myself down.

Because life itself is a precipitous cliff,
Where can there be anything steeper and riskier than life?
Even if it blooms about there, life is worth enough to live.

② 김왕노 길의 꿈-제2회 디카시 작품상

◆ 길의 꿈 A Road's Dream

기린 무늬 길이다.
기린이 되고 싶은 길이다.
아프리카로 초원으로
뻗어가고 싶은 길이다.

This is a giraffe pattern road.
It is a road that wants to be a giraffe.
It is a road that wants to reach the African grass land.

-작품평
김왕노 길의 꿈은 상상의 힘이다.

디카시란 디지털 시대, SNS 소통환경에서 누구나 창작하고 향유할 수 있는 새로운 詩놀이이다. 언어예술을 넘어 멀티언어예술로서 시의 언어 카테고리를 확장한 것이다. 자연이나 사물에서 시적 감흥(정서적 반응)을 일으키는 형상을 디지털카메라로 포착하고 그것이 전하는 메시지를 다시 문자로 재현하면 된다. 즉 '영상+문자(5행 이내)'가 반반씩 어우러질 때, 완성된 한 편의 디카시가 된다. 이러한 디카시는, 오늘날 시가 난해하다는 이유로 대중으로부터 멀어진 현대시와 독자 간 교량 역할을 함으로써 대중의 문화 향유 욕구를 충족 시키에 충분하다. 이러한 맥락에서 인간의 가장 큰 능력은 꿈이다. 꿈은 상상이고 상상은 인간만의 힘이다. 이 힘 때문에 상상을 초월하는 일들이 인간사에 벌어지기도 하지만 무엇보다 무수한 삶들의 이유가 된다. 어느 누구도 아무리 지금의 삶이 만족스럽다 한들 어제와 같기만을 바라지 않으며 내일은 오늘과 다른 삶이 펼쳐지기를 소망하는 것, 그것이 삶의 힘이다. 그 인간의 힘은 선험에 의하여 활성화된다. 아프리카 대평원의 기린이 사람 세상의 길에 현현하고 이내 기린무늬가 된다. 더 이상 어제의 좁은 길이 아니다. 우리는 벌써 아프리카 대평원으로 뻗어간 길을 상상하게 되는 것이다. 내일의 우리 꿈이 이루어진 듯이 말이다.

③ 공광규 제1회 디카시 작품상

◆ 몸빼바지 무늬

몸매를 잊은 지 오래된 어머니가 일 바지를 입고 밭고랑 논두렁으로 일흔 해 넘게 돌아다니다가 돌아가셨습니다.

벗어놓은 일 바지에 꽃들이 와서 꽃무늬 물감을 들여 주었습니다.

공광규 시인은 어머니의 몸빼바지 무늬를 닮은 꽃을 사진으로 찍어 시를 썼다. 심시위원들은 "'**몸빼바지 무늬**'**는 어머니의 몸빼바지 무늬를 닮은 꽃들이 환기하는 어머니의 추억을 꾸밈없는 날것의 언어로** 받아 적듯 언술하여 디카시의 정체성을 잘 살린 수발한 작품"이라 평가했다.

④ 송찬호 제3회 디카시 작품상

◆ 비상

오래된 꿈이여
호두나무 고사목이 된 오래된 꿈이여
날자꾸나 한번만 더 날아보자꾸나

송찬호 시인은 수상 소감에서 **"디카시에는 문자 언어에만 갇혀 있다가 영상 언어를 만나는 즐거움이 있다"**며 "방구석에 틀어박혀 쓰는 시가 아니고 스마트폰을 들고 디카시 창으로 세상을 관찰하는 일은 신나는 일"이라고 밝혔다. 그는 디카시를 창작하게 된 배경 등을 설명하며 디카시를 **'도래하는 문학의 새로운 양식으로 즐겁게 받아들인다'**는 말도 했다.

⑤ 두 번째 시집 이별 그 후의 날들에서

이별 그 후의 날들이란 그의 디카시집을 통해 정진규 시인은 《김왕노의 디카시는 방법이 선행된 만들어진 시가 아니다. 시 자체일 뿐이다. 선시禪詩의 돈오頓悟가 실체로 나타나는 견자voyant의 작업이다. 그 맨몸이다, '푼크툼'의 심층을 걸어 내려가는 놀라운 이미지가 있다. 그의 시는 장르의 경계를 뛰어 넘는 '시안詩眼'이 있다.》라고 하고 있다.

◆ 상처

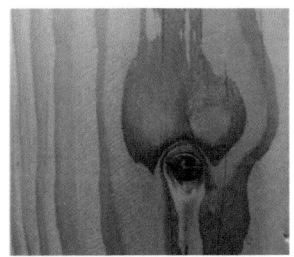

옹이가 무늬를 만든다.

◆ 참회

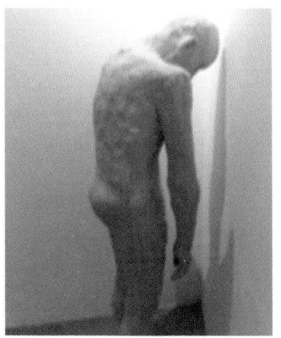

되돌아 서 울지 마라! 네 울음이 비수처럼
내 늑골 틈으로 파고든다.
네보다 더 죄 많은 나도
네 앞에 이렇게 떳떳하게 서지 않았느냐

◆ 롤 모델

세월의 모서리 절뚝이며 가다가
어쩌다 만나는 사람 있으면 가식도 없이
나도 하고 싶은 저 빛나는 사랑이다.

◆ 꽃

앗! 뜨거워 너라는 존재

⑥ 진화하는 문학의 디카시

 모든 것은 진화될 수밖에 없다. 문학은 고전에서 현대란 맥락을 이루므로 고전에서 현대로 흘러온 문학은 진화란 과정을 통해 독자 폭을 넓혀야 한다. 그러나 문학의 기능이 발달되는 물질문명의 힘에 밀려나 진화의 길을 가지 못하고 오히려 퇴화일변도의 길을 벗어나지 못하고 있다. 문학이 우월주의에 빠져 난해시를 만들면서 답보상태에 있을 때 모든 틀을 깨고 문학의 진보를 보여주는 것이 바로 디카시다. 이러한 시점에서 태동기를 지난 디카시도 원론적인 것처럼 천착하는 자연과 인간본질의 문제와 어울려 디카시의 영역이 확장 되어 나가야 할 것이다.

◆ 사산되는 꿈―김왕노

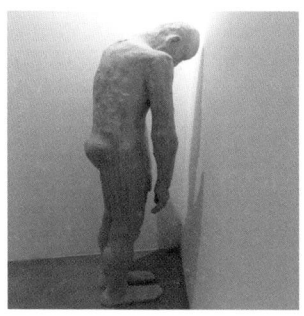

이렇게 한 백년 서 있으면 네가 좋아하는 꽃
처진 어깨에서 끝없이 피어나려나.
또 백년 서 있으면 영혼의 걸음마
비로소 시작되어 단숨에 내게 달려올까.

◆ 근황 김왕노

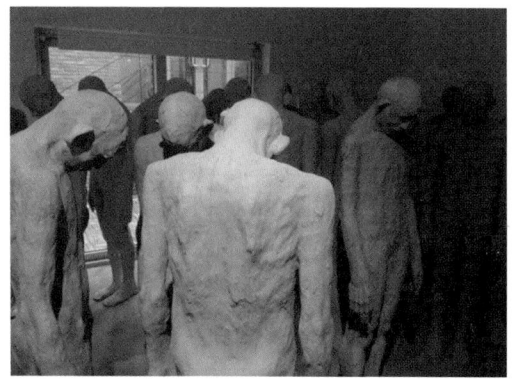

훔쳐보면
참회 하는 군상 속의 나
끝내 용서받지 못할 무기수

4. 디카시의 미래

많은 우여곡절을 겪으면서 **게릴라와 이별 그 후의 날들이란 시집**을 내게 되니 즐거움보다 어떤 책무 같은 것을 느낍니다. 그러나 나의 디카시 시집이 새로운 문학의 판이자 시판을 연 디카시 시대의 물꼬를 거침없이 터주기를 바랍니다. 삭막한 시대를 살아가는 사람의 가슴 속으로 내리는 두레박이 되어, 마중물이 되어, 다시 푸른 시의 날을 철철 길어 올리기를 바랍니다. **모든 사람이 디카시를 읽고 시집이나 소설집을 옆구리에 끼고 다니는 문학의 르네상스시대가 이 땅에 다시 돌아오기를 꿈꿉니다.** 전문사진가가 아니지만 일상에서 묻어오는 풍경이나 광경을 빌려 시와 융합해 내는 그런 재미를 통해 다시 한 번 세상을 찬찬히 읽고 아끼는 그런 때가 오기를 바랍니다. 지금 열풍처럼 디카시가 번지고 있는 것이 사실입니다. **한 마디로 좋은 현상이고 이미 디카시란 언어가 어학사전에 등재되기도 했습니다.** 디카시가 어떤 자리매김을 하고 있는지를 반영하는 상징적인 것입니다. **시를 쓴다고 해서 누구나 다 시인이 아니고 시인이 시를 썼다고 해서 다 시가 아니듯이** 좀 더 좋은 디카시가 앞으로 줄줄이 나오고 나보다 더 좋은 디카시집이 당연히 나오는 시기가 도래했음을 예감할 수 있고 또 저도 학수고대하고 있습니다.

새롭게 떠나는 도시여행
수원詩·디카詩

초판인쇄 | 2023년 4월 3일
초판발행 | 2023년 4월 8일

지은이 | 정다겸, 김왕노, 이경화 외
참여작가 | 김영분, 서채연, 이명옥, 이상애, 이자영, 이정순,
　　　　　이정희, 이혜리, 홍종식
여행 기획자 | 정다겸
디카시 강의 | 김왕노
큐알코드제작 | 이경화
사진·영상 | 이홍란

펴낸곳 | 도서출판 **영혼의 숲**
펴낸이 | 허광빈
편집디자인 | 박미옥
편집실 | 서울 중구 퇴계로 45길 31-15
주　소 | 서울 은평구 통일로 53길 9-15
전　화 | 02) 2269-9885
모바일 | 010-6770-6440
팩　스 | 02) 2269-9885
E-mail | booksyhs@naver.com

ISBN | 979-11-90780-27-8(03810)

가격 | 10,000원

※ 이 책의 저작권은 저자와 도서출판 영혼의 숲에 있습니다.
　 무단전재와 복제를 금하며 잘못된 책은 교환해 드립니다.

※ 저자와 협의로 인지는 생략합니다.

✽ 이 책은 2022 문화도시 조성사업 수원온당 심화과정 <조금 다른 도시여행>의 일부
　지원을 통해 제작되었습니다.

이 도서의 국립중앙도서관 출판예정도서목록(CIP)은 서지정보유통지원시스템 홈페이지
(http://seoji.nl.go.kr)와 국가자료종합목록시스템 (http://www.nl.go.kr/kolisnet)에서
이용하실 수 있습니다. (CIP제어번호 : 979-11-90780-27-8 (03810))